모든 날의 이튿날

현대시조 100인선

096

모든 날의 이튿날

김보람 시집

고요아침

■ 시인의 말

없는 당신을 찾아서 이곳까지 왔다.

연필과 몸은 가깝다.
뭉툭해지면서 아프다.

끝없이 잊혀지는 그림.

2017년 10월

김보람

■ 차례

제1부

제2부

제3부

제4부

제5부

1부

콤마,

생각에 잠긴 척
아무렇지 않은 척

끔찍하게 긴 고요가
숨구멍을 뚫는 중

행간에
쪼그리고 앉아

빠져죽기
충분했다

한강이라는 밤

한강을 앞에 두면
한강의 기억이

둘이 바라보다
혼자 서있기도

한강이 드러눕는다
오늘은 비가 내린다

너는 뒤돌아본다
그만 실족할까요?

몸이 기우는 동안
빗소리가 넘친다

회전이 아름다워진다
투명으로 가득 찼다

애인이 지나가고
엄마가 지나갔다

밤과 안개가
불빛으로 흘러간다

눈앞엔 강 하나 비었다
바라보며 울었다

내부 기지국

풍경이 되어가는 전화국을 지난다
잘 지냅니까, 그때서야 여기가 지군가
헐겁고 컴컴한 것은 끊어내는 것입니다
다 드러난 잇몸은 물렁한 소리를 낸다
낯설어요 낯선 어제의 수업시간
목까지 차올라 맺힌 그 곳이 고요해
하늘문 바깥에는 하얀 돌멩이
이를테면 아빠는 가루로 내린다
오래된 번호를 적다 반쪽 얼굴 떠올린다

겨울은 아버지의 거짓말

나는 허기져요 겨울의 아버지

더 이상 주린 배를 견딜 수가 없어요

첫눈이 내리는 순간 사라지는 한 사람

눈이 내려요 툭툭, 발끝에서 끝나는 눈

조용한 사람과 더 조용한 한 사람이

바닥에 무릎을 꿇은 채 눈 속에 파묻혀요

깍지 낀 손을 팔아 포옹을 산다면

무서워요 다정함이 창백하고 길어서

언 것은 녹는 것입니까 창밖을 보세요

호미화방

누구의 등인가
구부러진 도형들
꿈꾸고 난 후처럼
흙이 헐겁다
마당이
나를 덮는다
매달리는 기억

목이 쉬도록
일몰을 따라간다
도약이 사라지는
낮은 벼랑을 타고
수평이
턱을 내린다
부서지는 얼굴들

지하 속으로

허리를 접었다 무릎을 구부렸다
두 눈을 감았다 입술을 다물었다
싸움은 시작되었다 그때 나는 알았다
골목을 따라가며 끊임없이 걸었다
허공에 매달린 천을 조금씩 풀어냈다
여전히 계단은 높고 눈은 펄펄 내렸다
대디, 대디 눈이 펑펑 내린다
아이가 달려오며 노래를 불렀다
커다란 풍경을 두고 나는 바깥이 되었다
오늘을 찢고 내일을 찢고
꿈이 아니야 속삭였다
발자국이 따라와 자꾸만 울었다
괜찮다 통째 흔들려도 침적한 걸음걸이

놀이터가 달린다

모래 위에 성을 쌓고
모래를 지웠다
철봉보다 높이
평상이 자라난다
우리의 젖은 얼굴이
절반씩 펼쳐진다

신발을 꺾어 신고
빙글빙글 돌았다
열까지 세고 나면
둘레를 휘젓는 팔
무서운 속도로 달려도
내게 닿지 못할 때

삐걱이는 소리가
공중에 걸려있다
흔들리는 가지는
자라나는 손 같다
기록된 빗금의 간격
뺄셈에 약하다

비둘기 한 마리가
차도로 뛰어든다
앞서가는 발자국
뭉개지는 연두 속
계단이 선을 높인다
얼음, 하고 젖는 등

그림

거대한 손가락이 꿈속을 펼쳐 보인다
새벽에 깨어나는 손금의 무늬
검붉은 안개비 속에 웅크린 아버지
작열하며 별들이 뭉텅뭉텅 떨어진다
화면 속 장면은 온통 지직거리는데
나어린 여자아이가 울면서 지나간다
검은 동화로 태어나는 세상의 감각들
내 손이 당신 꿈을 그림으로 짓고 있나
솟구친 섬광을 따라 날아가는 부메랑

달리처럼

빨강이 다리를 데려와 책상 위를 걷는다

다리를 걸어 넘어뜨리고 싶은 다리

다 익은 미술관 내부 통째로 다리다

미치지 않았다면 끝장내고 싶겠지

공중에 드리워진 꿈의 가장 먼 곳

책들이 타올랐다가 불길로 스러진다

꿈이 꿈을 밟고 소용돌이 치는 자리

정지한 사물들의 킬킬대는 웃음소리

달리여, 오늘의 오늘 슬프지 않게 하라

¿

이토록

몸의 끝이

뾰족할 수 있나요

낚시 바늘 끝에 돋힌

미늘만 같아요

캄캄한 심해에 웅크린

숨구멍 겉고 있는

화석처럼 굳어가는

내 골을 들여다봐요

날마다 길어지는

이빨을 잘라내도

끝없이 잠입해 눈뜨는

질문을 밀어내요

지하 감옥이 나를 들쑤셔요

껍질 깨치고 나올 듯 쩡쩡

아가미 뻐끔거리며 꼬물대는 공포들

트라우마의 진화

아, 하품이 창틀 위에 쪼그려 앉는다
폭설의 뿌리까지 입을 쩍 벌린다
한낮이
널려있는 방
길어지는 식탁보

동그란 입구로 들어간다 떨어진다
구멍 속으로 빠져나오는 소리가 크다
어두운
밤을 썰고서
꼬리를 자른다

뼈를 그린다 우적우적 모래 씹는다
벽이 타오른다 살 냄새가 난다
닫힌다
출렁거린다
복면 하나 뒤집힌다

불면을 건너가는 방법

눈꺼풀 아래 뿌리 내리고 잠들다
발 아래를 부수고 절벽은 깊어졌어
커다란 입을 벌리고 시간을 삼켜댔어
우리의 발목은 지금 어디에 있나
구름을 뚫고서 봄밤을 건너가면
알몸들 몰려서 왔어 서로의 목 꺾으며
칼보다 긴 팔을 마주잡는 오늘밤
양팔을 벌리고 한정 없이 다가섰어
반가워 반갑다구요 한 입씩 베어 물고
우리는 왜 우리를 벗어나지 못하는 걸까
거울 속에 드리워진 낯선 당신의 눈
잠 못 든 나를 겨누는 절반의 그림자

2부

첫, 이튿날

첫날 밖의 다음날
모든 날의 이튿날
하루가 천천히
낡아가고 있다
그것을 쓰려고 한다
좋고 나쁜 또 다른 기분

어둠으로 끌리는 말
어둠으로 밀리는 밤
달아나는 사이
떠오른다, 첫
슬픔이 전체라는 책
첫은 자란다

책장을 넘기면
자꾸만 유일해지는
첫날 밖의 다음날
모든 날의 이튿날
없어도 있던 것처럼
검은 윤곽처럼

태피스트리

나는 뜨거웠고
그는 차가웠다
나는 위쪽으로 그는 아래쪽으로

뒤엉킨 혼돈 속으로 행렬은 시작되었다

나와 그가 함께 살던 옛집들의 주소로
몸속의 길 터지고 맨몸으로 홀로 선다
배 밑을 밀어붙이는 파도 한 길씩 솟고

나는 웃고 그는 운다
나는 먹고 그는 싼다
나는 여기 있고 또 거기 있을 수 있지만

또 한번 두리번거린다, 어딘가 이 · 곳 · 은

나 홀로 그림

바닥이 끌림이다
나는 화가다

식어가는 것들을
종이에 쓸어 담는다

그림을 빌려드릴까요
무엇을 지울까요

버려진 의자 위에
달빛이 발목을 맨다

같은 소원을
사이좋게 꾸면서

소리가 들락거린다
몸으로 태어나고 싶어

젖은 종이의 시간

들려있다 나는 자꾸 솟아나는 중이다
공중에 떠 있다 춤이 시작된다
흩어진 그림자들과 허적대는 팔다리
다가갔다 물러섰다 출몰의 이야기 속
나타난 것들은 조금씩 사라진다
이름을 붙들어 매자 사방에서 움직인다
섞이지 않는 얘기들이 방을 가득 채웠다
발음이 부서진다 이해한다고 말했다
캄캄한 문장 속으로 함께 들어가 누웠다

생각머리

머리채가 한 올 한 올 서늘해진다

아무나 갈 수 있는 끝은 시시해

나쁜 일 벌이러 가자
너를 뒤집어쓰러

잠자는 거인

이제 그만
그만 내 몸에서 나오세요

오늘의 표정을 부르며 경직하는 목

이번엔 지구 전체가 구름 위로 내달린다

너는 나의 거울 점점 깊은 잠 속으로

허공을 움켜쥐고 허우적거리는 배역

태양의 수레 돌리며 온몸으로 부푼다

수많은 내가 몰려와 꿈마다 심문하는데

날마다 태어나는 나는 너를 지우고

복면의 어둠을 쓴 채 장기 투숙 중이다

불을 내려주소서, 벼락같은 호령을

길고 까만 눈썹의 음모를 거두고

거기서 그만 나와요 뭐 하세요 나가세요

초고를 부탁해

연필을 깎는다
입술 위로 걸어간다
너라고 부른다
혀들이 춤춘다
두 발을
묶어놓고서
더듬거리는
구멍 속에서

입을 벌리면
외로워질 수 있다
한참을 추락하는
지우개는 잘라야겠다
대문을
열어두고서
오래오래
기다려야 한다

마이페이지

너무 낯설어 나를 닮은 당신들 소리치는 후렴구에 귀 기울이기 시작했어

오늘도 수고했어요, 새파란 날들이여

팔레트

태어나는 것들 앞에 오래 떨었다

촛불은 타올라서 점점 뾰족해졌다

악몽도 습관이 되어 갈수록 섬세해졌다

덜 차린 식탁 앞에 그리고 앉았다

배가 고파 밥 먹었다 나를 자꾸 밀어넣었다

누구도 믿지 않으려 하염없이 걸었다

안팎을 넘나들며 긴 꼬리를 잡았다

터전을 찾아내어 문들을 덧칠한다

떠메고 날아오른다 하늘 저편 도시로

수다

입안을 두드리는 느닷없는 폭우

격랑을 일으키며 밀려드는 말들

입속에 뛰어들어서 우산을 펼친다

질척이는 입속은 검은 활자뿐이다

물은 불어 오르고 사다리는 자라고

홍수가 시작되어도 폭우 멎지 않는다

물길 넘쳐나고 속절없이 잠기는데

숨길조차 막혀서 목을 길게 빼든다

말들이 말 피워 올려 말 열고 말 돈군다

나를 읽지마세요

사람들은 궁금하다 상자 속의 이야기

뚜껑을 열어젖혀 빈 상자로 만든다

상자 속 주인공들은 늘 모함에 빠진다

누군가의 입 속에서 군침이 솟구친듯

갓 태어난 상자는 의심받기 시작한다

식탁이 흘러넘치게 문자를 쏟아낸다

네가 아는 내가 살아가는 세계에서

방향도 없이 나는 추가되고 삭제된다

마침내 나는 죽어서 흔적으로 나타난다

농담

달,아,나,라,신,나,게,달,려,가,라,날,리,도,록

나도 사라진다 세상에 없던 것처럼

입들이 자라나는 밤 차례차례 떠나갔다

괄호 속에 묶어둔 절반의 문장들

(너무 쉽게 녹잖아요 흘리지 마세요)

헤어진 다음날부터 그의 혀를 사랑했다

3부

집들의 사생활

동그란 벽시계에
운명을 점친다

화분이 쑥 자란다
행운을 비는 손들

집들이 부풀어 오른다
집이 나를 낳는다

배경으로 언제나
끓어오르는 주전자

오늘의 액자가
팔다리를 늘린다

들끓는 소리가 좋아
좁고 긴 빗줄기

무진장

의심에 차서 괜찮아
들켜서 괜찮아

월요일을 사랑해
오지 않은 연인을 사랑해

한 번도 가진 적 없는
빈방들이 쌓인다

그 신발 편해?

빠르게 달리는 우리의 믿음이 좋아

발 안에 또 다른 발이 숨었다

바깥을 내다보는 발은 얼마나 안전한가

안으로 추락하는 밖에서의 물음

배가 뒤집혀 기우뚱 엎드린다

돌덩이 자라고 있다 지루한 지구가 된다

외로운 발의 방황 점점점 길어진다

어느 시간도 사람의 것은 아니다

신발의 지층을 딛고 다리가 서 있다

더 트리

허공의 몸 찾아
펄렁펄렁 팔 휘둘러요

햇볕 분해하듯
연기를 내뿜으며

몽매한 풍문을 타고 내가 태어나요

나요?
바로 나요?
흙발 뭉개고 앉은 나요?

잃어버린 표정만
잔뜩 뒤집어썼죠

꾹 다문 무릎 세우자 치밀어 오른 사람

맨홀

미명의 언어들로 꽉 막힌 뚜껑 아래

덮어버리지 못하는
밀폐의 시간들이

무호흡
공기방울로
뒤섞여
산다

정전기

마음을 가득 채운
수다한 소리들로

당신은 왔다
들릴 듯 말 듯 중얼거리며

우린 곧
멸망할거야
막말로 단언할 때

돌기로 돋아나
입술의 곡선을 쓸며

뭉클뭉클 감정들
쏟아내는 것 같아

양팔을
벌리고 서서
쥐락펴락, 와락

캐리커처로 말해요

수백 개의 얼굴들
명쾌하게 설명해봐
내가 누구인지
네가 누구인지
우리는 깔깔거리며
독립을 선언한다

껍데기가 알맹이를
완벽하게 밀어내면
껍데긴지 알맹인지
알맹인지 껍데긴지
때로는 알맹이 없는
껍데기로 날리는 걸

딱딱해진 손가락이
윤곽을 드러낸다
일그러진 얼굴들
뒤집어 펼쳐놓고
표정이 끓어오르는
네 정체를 말해봐

데칼코마니

두 팔 벌리고 서서
너를 그리면
캄캄하던 네가
나에게 오는구나
입술을 뭉개뜨리며
일그러진 우리들
너를 입으면
바깥이 안이 되고
심장이 엉겨 붙고
온몸이 녹는다
사랑아
네가 달려와
그곳에
내가 없다

감기

중심을 잃은 채 당신에게 그만 졌다

지독하게 인색했던 눈빛마저 풀렸다

온몸에
열꽃 피운다

둥두두둥
이명 운다

무드셀라

여우비 오듯 흩날리던 꽃잎 난분분난분분

내 몸에도 사뿐 내려앉던 그해 봄

천천히 회전하면서
전송되던 한 철

엷은 플래시로 바람을 불러 모은다

궤적을 돌아보는 걸음걸이 긴 그림자

햇살 떼 한껏 두르고
유영하는 둥근 꿈!

귀의 날

요란한 표정을 짓자 아이들을 위하여
챙챙챙 귀가 자란다 소리가 큰다
낱낱이 불러줄거다
누구야 사랑해

소리 속에 있으니 몸이 악기다
사라지는 것들이니 만질 수 있다
보세요 깡마른 바람
소리의 깃발을

안단테그라피

자취생의 하루는 몇 그램 향기일까
편지 뜯듯 풋풋하게 바람과 마주하면
은은한 풍금소리가 메밀꽃처럼 피곤했다

홀로라는 말 속에는 현재형이 숨어있다
낡은 나무의자에 헐거워진 못들처럼
전설의 가시나무새, 휘파람을 엿듣는다

느리게 좀 더 느리게 생각의 깃 세운다
마음껏 헤매고 마음껏 설레고 나면
노을 진 지붕 아래로 또 하루가 놓인다

4부

변기

캄캄한 터널을 몸속에 품은 내가

우리 안에 갇힌 외로운 짐승처럼

입술을 쫑긋거리며 아귀굴을 벌린다

지하 감옥 깊은 곳에 순간순간 포박되어

너무도 많은 내가 거기에 잠겨있다

뱃속을 내리누르는 꾸룩대는 내장 속

들러붙는 사방을 천천히 쏟아놓는다

높이도 깊이도 없는 거꾸로 된 바닥에

오늘을 먹어치우고 어제를 내뱉는다

달콤한 소리의 끝

사탕이 녹기 전에
어른이 되어야지
막대를 입에 물고
자주 들썩였다
초점이 지워진 몸들
자꾸 걸어 나왔다

주저앉는 책상 위에
문패도 매달았다
탁상시계는 울까 웃을까,
먼지를 사랑해
오늘의 주문을 외며
엄마를 기다렸다

사탕이 다 녹았는데
악몽은 계속됐다
몸이 기운 쪽으로
차오르는 비밀
익숙한 옷을 벗으면
어디든 길이다

눈은 모른다

의자를 놓치고
의자는 돌진한다

보지 못해서
볼 것이 너무 많다

손으로
자기 얼굴을
지우기 시작했다

밤이 괴로운 이유가
쏟아져 내린다

아무것도 아닌 채로
매달려 있다

여러 번
피었다 졌다
눈꺼풀을 오려냈다

개와 바람의 시간

개가 있다
붉은 개 검은 개 뾰족한 개

앉지도 서지도 않고
그르렁대는
개

먼 나라 모래먼지가
풀썩이며 불려온다

바람의 끝을 향해
여자가 달려가고

개가 짖는다
허공이 터지도록

달려라 이별하는 중
가깝고 먼 곳으로

타버린 얼굴

절반씩 그린다
매일의 얼굴들을
몇 번씩 바꿔그리며
허물도 끼얹는다
표정을 일그러뜨리며
아이처럼 운다

심지가 날을 세워도
아침은 끝없다
화염 구름 떠간다
유리창을 삼킨다
부리지 못하는 붓은
오도 가도 못하겠다

구멍을 위하여

세면대는 새까만 감정으로 채색될 거야

울음보 장전을 위해
물은 들어오신다

앞다퉈
솟구치다가

철철
넘친다

진공 속의 잠

바닥없는 긴 잠 일렁이는 순간에도 진공의 어둠 위로 회전하는 무리들 발들이 우글거려서 걸을 수가 없다니

새어나오는 비명조차 시선을 강탈당해 하나의 이야기가 무너져 내린다 아무도 가지 못하는 눈 먼 길 하나

사나운 바람으로 그림자를 흔든다 행렬 끝 몸서리치는 힘줄을 깨우면서 어제의 물을 마신다 절벽이 옮겨 간다

인간모빌

공중에 매달려 상감하는 저 남자
거친 손길이 길을 통과할 때마다
끊기는 모스부호로
빌딩이 깜빡인다

앞으로도 가지만 뒤를 더 좋아한다
앞으로 달리지만 달리면서 흔들린다
허공에 창을 매달고
구름 가득 펴 올리며

끝없이 무너앉는 몸 일으켜 세운다
달로 가는 몽유처럼 두 손 높이 쳐들고
지축을 흔들어대며
엉킨 몸이 되어간다

핑크메일

이제 어떻게 돌아갈 것인가?

머뭇거려 놓치고
얼버무려 늦은 답변

망치로 내려친 순간 쩍, 벌어진, 우리, 간격

의견을 가르는 두 개의 단상 위로

표현의 독재자가 불어대는 뿔나팔

법정에 홀로 세워진 심장 온통 팔딱거린다

날을 세운 판결은 끝없이 이어진다

먹먹한 언어들로 허덕이는 너의 첫 줄

숨죽여 견디던 방식 젖지 않고 메마른다

무궁화 꽃이 피었습니다

얼룩투성이
내게 관심두지 마세요

찢어질 듯 눈 부릅 뜨는 건 위반이에요

거울을 열고 들어가요 손톱을 갈기 세워

메아리가 젖는 곳으로 나는 달립니다

물렁한 어둠을 밀고 제 안으로 파고들어요

세상의 가장 탐스런 살점을 발라내요

그라타주

불길 솟구치던 테마파크 폭발음 속으로 아이들이 빨려 들고 어른들이 뛰어내린다 지붕이 무너진 뒤에야 발자국 요란하다

번질 만큼 번져버린 붉은 사이렌 숨 가쁜 외마디들이 다리를 찢는다 겹겹이 미어터지는 바람의 진혼곡

그을린 벽돌 틈새 삐쭉 내민 철골들 못다 한 울음을 끝없이 이어가며 뾰족한 발톱을 뽑아 소문을 찢는다

블랙아웃

세상에서 가장 긴긴 밤을 부탁해!

꿈의 난기류 속으로 헤엄쳐가는 우리

도저히 잠깰 수 없어 밀봉되는 이야기

정해진 자리도 없고 높낮이 조차 없는

어딘가 아득한 당신의 숲속으로

아프게 살점 뜯기며 나는 사라져줄게

소리없이 끝없이 뿌리내리는 말소리

우리는 하루하루 작별하는 과거 속에

서로의 목을 비틀며 서로를 지운다

5부

개

글쎄요 우스운가요 나의 늙은 개들이
팔을 저어 허공을 긁어대는 가을이에요
포복한 개들의 절규 밤새 달라붙어요
자라나는 구석에 단 하나의 이빨 숨기고
바닥을 끌어당겨요 어금니 꽉 깨물어요
사냥의 끝에서 만날 살 냄새를 꿈꾸며
눈동자의 허연 구멍이 하늘에 걸려요
자꾸만 무너지는 바람의 사이렌 앞에
엎드린 자세 그대로 앞날을 지켜봐요

지금동

내가 하는 말 나 혼자 듣는다

그랬니 그랬구나 닿은 곳 느닷없다

드디어 혼자가 되어 풍경으로 완성된다

그래서 그래도라고 저녁 해가 저문다

되돌아 온 말 자리 익숙하고 낯설다

지금의 반대쪽에 서니 금이 가고 깨진다

대답하는 연습

시집을 뒤적이며 밤을 보냈다

행간을 건너가며 소리를 질렀다

엄마가 방문을 열고
시집을 빼앗았다

그만보고 쉬어라 여름도 끝났잖아

깎아지른 등 뒤에서 사랑이 호명될 때

첫말과 끝말 사이가
하얗게 뚫린다

막차

사연을 실어 나르던
버스가 끊겼다

우두커니 울어볼까
마지막 장면같이

뿔 달린
짐승이 되었다
막막한 시간이다

바통 잃은 빈방들이
이미지를 넘긴다

나갔다가 다시는
돌아갈 수 없는 곳

안부는
안 듣고 싶다
묵음이라 덜컹한다

외로움 증폭장치

헤아릴 수 없는 그가
내게로 다가온다
나는 그를
주르르 쏟아놓고
저울추
눈금 위에서
수없이 자문한다

눈부신 햇살의 아침
질겅질겅 그를 씹는다
밀칠수록 결박되는
마음의 감옥 속
안팎이
한껏 열려도
갈 곳이 지워져 있다

앨리스는 나다

한쪽 눈알이 말라
별빛 자꾸 놓친다
풍성한 몸짓들이
산발하는 풀밭에서
수십 개 가면을 포개
허공을 짜깁는다

반전을 거듭하는
만화경을 건네받아
조리개 활짝 열어
코앞까지 당겨본 나라
언덕이 뒤뚱거리고
구름밭이 일렁인다

만삭의 허기로
먹먹해진 저녁 해
혓바닥 늘어뜨려
노을하늘 핥으며
먼 밤을 그러모아서
시야를 가둔다

불 꺼진 모니터

눈덩이처럼 불어난 당신의 이야기
덜컹 문이 열려 나는 두근거린다
풍문의 밤을 따라서 메아리치는 세계

다정한 얼굴들이 움직이기 시작한다
무럭무럭 자라나는 감정의 다발들
커다란 혀를 삼키며 우르르 쏟아진다

세차게 바람 불고 하늘은 까맣고
땅바닥에 주저앉아 중심을 잃는다
뜨거운 포옹 앞에서 팔들도 사라진다

거품을 뒤집어 쓴다 내 마음의 바깥
문을 닫아걸면 당신은 쓴다, 지운다
불 꺼진 모니터 속에 돌아눕는 한 계절

녹턴

몸 속
계단을
밟고
오
르
는
여자

뺨 위로 물길 내며 길어지는 주머니

귓속에
커튼을 내리고
음영을
깔아놓는다

사막

차도르를 두르고 춤추듯 걷고 있다
강박증 환자처럼 꼬리를 말아 쥐고
공간의 빗장을 열어
가시 위로 뻗는다

패이듯 퍼지는 빛 폭풍 치는 모래바다
태어날 준비로 한껏 부푼 지평선
환하게 터질 때마다
거듭되는 산란이다

유희의 공간에 들렀다 놓였다
타인으로 스쳐가던 발자국을 묶는다
윤곽의 꼭짓점 삼켜
포즈의 문양 이어

술래의 세계

끝나버린 노래가
두 귀를 잡아당겨요

팔을 휘저으며
종횡으로 달려가죠

횃불이 하나씩 꺼지고
재도 허물어져요

시선에 둘러싸여서
애꾸눈이 되었어요

둥글게 웅크리고
주문 외던 술래말예요

날마다 투명해져요
맛난 글자를 씹어요

마블링 쇼

혼자면서 여럿 되는 이미지를 떠올려봐
어딘가에 기웃대다 한곳으로 몰려와서
깊숙이 스밀지도 몰라 커튼콜의 유령으로

적란운으로 가라앉아 후두둑 떨어지면
마음은 너울대며 춤추기도 했었어
빼곡히 자라난 얼굴 휘휘 저어보면서

이전부터 우리는 여러 번 만났어!
물통 속 투명을 따라 색을 모으면서
끝없이 함께 태어나 시간 위에 앉았었어!

커다란 울림통에 이름을 구겨넣고
부르르 떨고 있어 얼룩으로 막 울었어
기억의 변주 속으로 속절없이 떠돌며

유리상자

통과하는 것들은
테두리가 사라진다

아무리 문질러도
자꾸 나를 그리는 사람

얼룩이
멀어질수록
오그라드는
힘줄

■ 자전적 시론

추락과 비상 사이

*

생각해보면 나는 어린 시절부터 늘 시간을 아끼며 무언가에 매달려야만 했다. 의지적인 선택과는 무관하게 무언가를 하고 있었다. 통제 불가능한 힘을 향한 나름의 대항이기도 했고, 내가 할 수 있는 가장 직접적인 행동이기도 했다. 수수께끼의 주위를 오래 돌았다. 나의 힘으로 실천할 수 있는 일은 가리지 않고 했는데 그 중에서도 단조로운 일에는 금방 싫증이 나곤했다. 싫증은 싫증을 부르고 그럴 때면 또 다른 놀이감을 펼쳐놓기 일쑤였다. 나는 무엇을 보았고 무엇으로부터 도망다녔다. 그래서일까, 왜 무엇의 힘으로부터 빠져나오지 못할까의 질문은 지나간 기억을 반복하게 했다. 뭉근한 어딘가가 잡힐 듯 잡히지 않아 막막한 시간이 계속되었다. 걷잡을 수 없이 자라나는 친근하면서도 낯선 실체를 향해 천천히 눈 뜨기 시작했다. 충실하지 않은 방식으로 충실하게, 야금야금 나를 갉아먹는 정체불명의 파괴물과 대면했다. 사랑하는 동시에 증오하는 애증의 관계로 우리의 만남은 무엇도 온전하지 않았다.

이유를 모르는 불안감과 설명할 수 없는 것들이 가까이 와 있다는 느낌은 이따금씩 나를 힘들게 했다. 마음을 어지럽히는 혼돈 속에서 해소할 수도 해석해낼 수도 없는 공포는 이어졌다. 몸의 균형이 깨지면서 내가 나이기를 되묻는 질문 속에 자주 몸을 숨겼다. 틈만 나면 불안은 또 다른 불안을 낳았다. 마치 성장통처럼 잊을만하면 찾아와 오래 내 옆에 머물다가곤 했는데 대학생이 된 후에도 여느 때와 같이 그 날은 찾아왔다. 가장 혹독한 불안을 바라보는 동시에 대상으로부터 벗어나려고 끊임없이 발버둥 쳤다. 다시 힘은 솟구쳤고, 나는 오래도록 버티고 섰다. 고교시절을 지나고 다시 시조를 만난 때가 그 즈음이다. 새롭게 시작된 나와 시조의 만남은 정리되지 않은 채 시작되었다. 아마도 내 안의 구령과 파괴적인 경험에 연결되었던 것 같다.

첫 시집을 묶고 보니 어른이 되어도 어린 날의 나와 시조의 행방은 얼룩으로 남아있다. 조금씩 그러나 생생하게 어른의 시간과 아이의 시간이 충돌했다. 과거 속에서 완전히 소진되지 않고 미래로 넘어오는 비밀스런 이야기는 균형을 이루지 못한 상처다. 어쩌면 완전히 뿌리 뽑지 못해서 한없이 외로운 방 한 켠의 기억이 나의 오랜 일탈이었다.

*

잦은 싫증과 변덕을 잠재우며 꾸준히 지켜온 것을 돌아다보니 미술과 문학이 있다. 끝나지 않은 쳇바퀴가 있다. 고교시절에 대학을 준비하며 나는 그림을 그렸고, 크고 둥근 구를 생각하면 한없이 막막했던 기억이 난다. 모든 사물은 스케치가 끝나면 명암을 넣기 마련이고 보통 그것은 생긴 모양의 방향을 따라 움직이게 된다. 그러나 어찌된 일인지 구의 체험은 달랐다. 구의 둥근 모양새와는 다른 무언가에 주의를 환기시켜야 했다. 이젤 위에 펼쳐진 종이 위로 내가 그려놓은 구에 압도당할 것만 같은 불안의 근원을 대학원에 들어와 공부를 통해 깨닫게 되었다. 뎃생의 기본이 되는 직선을 가지고 무수한 선을 겹쳐 면을 만드는 밀도의 원리가 구를 통해 흥미롭게 발생한다는 사실, 그것은 구와 불안을 두께로 정의 내렸다. 깎아내는 동시에 쌓아가는 이중의 무엇이 스스로를 그리게 하는 움직임이었다.

몸을 통해 익혔던 나름의 은유는 시조 쓰기로 이어졌다. 없어도 될 부분을 깎고 드러낼 부분을 쌓아 새로운 차원의 문을 여는 문학의 언어, 시조는 이십대의 나에게 혁명이었다. 나의 어제와 오늘을 노출시키는 유일한 통로였다. 시조를 방패삼아 오래 집안에 들앉았고 나를 강제하면서 이야기와 자유에 대해 고민했다. 내가 만든 사실들의 확장은 무질서하게 펼쳐졌고 그것은 가끔씩 꿈처럼 솟아오르는 동시에 위협의 무게로 다가왔다. 결국 붓을 잡고 그림을 그리건 연필을 잡고 글을 쓰건 창작의 행위는 내게 완전한 해방이기도 완벽한 저항이기도 했다.

우울과 몽상의 시간을 두고 나는 집중하였다. 자정의 시간에 펼쳐지는 불면증자의 언어로 불면이 휩쓸고 간 폐허, 폐허를 바라보는 맨얼굴과 수차례 당면했다. 밤은 빛의 세계도 어둠의 세계도 아닌 무엇이다. 밤은 낮의 질서로 인해 유기적으로 자리 잡았다가 불이 꺼짐과 동시에 산산조각 나버렸다. 시곗바늘이 자시의 한가운데를 가리키면 하루가 끝나고 새로운 하루가 시작되었다. 진짜 밤을 감추기 위한 낮의 전략처럼 모든 것들은 사라졌다가 다시금 나타났다. 어떠한 방식으로도 기록되기 어려운 찰나의 순간을 찾아나서는 일, 제거되지 못하는 틈바구니 속을 서성거리는 일, 스스로를 넘어서는 일은 불안 속에서만 가능한 일이 되었다.

글을 쓰기 시작하면서 내 공간을 채우는 사물들을 자주 불러 모았다. 사물들은 마음속에 담아둔 이야기들을 크고 작게 건네 놓기 시작했다. 식별할 수 없는 어두운 세계는 때때로 시조 속에서 모호하게 펼쳐졌다. 서서히 나는 만나본 적도 들어본 적도 없지만 겪어왔거나 반복되어온 이야기 속에 자리했다. 멀찍이 떨어진 곳에서 누군가의 부름에 응답이라도 하려는 듯 이야기의 모든 과정을 중재하는 방식으로 가담했다.

써야만 하는 공간은 시작하는 것과 맞닿아 있다. 이것은 결정할 수 없는 것, 용서할 수 없는 것, 붙잡을 수 없는 것들의 항해이기도 하다. 목소리를 받아 적으며 쓴다는 것의 본질적 물음과 기원을 향하는 모험을 오래 함께 했다. 모든 것을 전복시키는 힘은 변화를 거듭하는 현실의 시간과 영속적인 또 다른 시간의 겹침 속에 있다. 말하는 자와 듣는 자 사이에 나타나는 최소한의 간극을 통해 언어는 말할 수 없는 것들을 말하게 한다.

잠들지 못한 불면의 밤은 꽤 오랜 시간 이어졌다. 늘 또 다른 밤을 기다리지만 달은 쉽사리 사라지지 않았다. 남겨진 것들은 여전히 서먹한 것이자 제거될 수 없는 것이었다. 그럼에도 어떠한 근거로도 의미화 할 수 없는 내적 공간 속에서 나는 써야만 하는 발견에 몰두해야 한다. 그저 머무르는 방식으로 이겨내야만 한다.

*

시조로 살면서 자유, 해방의 몸짓으로 나는 솔직해졌다. 공허를 이해하는 방식으로 이야기는 커갔다. 불가능의 꿈을 실현하는 밀실의 몽상가로 지극하게 굳세게 하루를 도모할 수 있다. 누가 뭐래도 담담하게 오늘을 준비할 수 있다.

나는 설명할 수 없는 터에 집을 지었다. 설명할 수 없는 것을 설명하게 만드는 미성숙의 언어로 시조를 택했다. 내부 속의 외부로 구분이 지워지는 지점에는 무력이 있다고 믿는다. 나는 부정한다. 나는 나로 살기로 한다. 수많은 나와 나, 나와 너, 나와 우리 혹은 너와 그들 사이에서 일어나는 이야기. 숱한 관계의 그물망 속에서 또 다른 나를 발견하고 싶다. 혼자서는 완전할 수 없어 무엇인가로 늘 채워져야 하는 가능성의 공간을 들여다보고 싶다. 시조가 글쓰기 차원의 긍정으로 말해지고 싶다.

"상실은 결국 또 하나의 취득"이라고 릴케는 말했다. 상실을 가능하게 해주는 것은 상실의 성공이 아닌 상실의 실패이므로 나는 무진장으로 실패하고 싶다. 실패를 극복하는 삶이 시조 안에 그려지면 좋겠다.

오랜 시조를 펼쳐놓고 원인 없이 아팠다. 거부할 수도 후퇴할 수도 없는 좌표 앞에 현실의 시간이 놓였다. 끊이지 않는 말, 끝나지 않는 말, 끝날 수 없는 말들로 허덕이던 나날이었다. 의미의 바깥이라고도 의미의 안이라고도 할 수 없는 미완의 공간 앞에서 근원적인 출발은 이미 오래 전부터 시작되었다. 그러나 다시 숨은 얼굴로 뒷걸음질 치지 않겠다. 가장 낯선 순간의 감정들을 증명이라도 하듯 낱낱이 파헤쳐보는 것, 그것은 끝나지 않은 사랑이다. ▨

현대시조 100인선 **096**

모든 날의 이튿날

초판 1쇄 발행일 · 2017년 10월 27일
초판 2쇄 발행일 · 2017년 11월 27일

지은이 | 김보람
펴낸이 | 노정자
펴낸곳 | 도서출판 고요아침
편　집 | 정숙희, 이광진, 김남규

출판 등록 2002년 8월 1일 제 1-3094호
03678 서울시 서대문구 증가로 29길 12-27 102호
전화 | 302-3194~5
팩스 | 302-3198
E-mail | goyoachim@hanmail.net
홈페이지 | www.goyoachim.com

ISBN 978-89-6039-947-1(04810)
ISBN 978-89-6039-816-0(세트)

*책 가격은 뒤표지에 표시되어 있습니다.
*지은이와 협의에 의해 인지는 생략합니다.
*잘못된 책은 교환해 드립니다.

* 이 시집은 2016년 한국문화예술위원회 유망작가지원 선정기금을 받아 제작되었습니다.